A la Mémoire

de

# Monseigneur Henri FLAVIGNY

Protonotaire apostolique

Vicaire général honoraire de Rouen et de Saint-Flour

Supérieur et second Fondateur de l'Institution Join-Lambert

:: :: INAUGURATION DU
MÉDAILLON-MÉMORIAL
:: LE 29 AVRIL 1927 ::

Monseigneur HENRI FLAVIGNY

—

INAUGURATION DU MÉDAILLON-MÉMORIAL

Extrait de l'Annuaire de l'Institution Join-Lambert

(Années 1926-1927)

1838-1925
MONSEIGNEUR HENRI FLAVIGNY
PROTONOTAIRE APOSTOLIQUE

A la Mémoire

de

# Monseigneur Henri FLAVIGNY

Protonotaire apostolique

Vicaire général honoraire de Rouen et de Saint-Flour

Supérieur et second Fondateur de l'Institution Join-Lambert

:: :: INAUGURATION DU
MÉDAILLON-MÉMORIAL
:: LE 29 AVRIL 1927 ::

# LE MÉMORIAL DE Mgr FLAVIGNY

L'INSTITUTION possédait depuis longtemps déjà la statue de son fondateur, M. l'abbé Join-Lambert, œuvre de notre concitoyen, le maître sculpteur Alphonse Guilloux. Erigée en 1894 dans les jardins de Bois-guillaume, cette statue a été transférée en 1900 rue de l'Avalasse : elle se dresse maintenant au chevet de la Chapelle, au bout de l'Avenue des Marronniers qui fait suite au vestibule d'entrée.

Convenait-il que rien ne vînt rappeler aux habitants de la Maison et aux visiteurs le prêtre vénéré, cher à de nombreuses générations de maîtres et d'élèves, et qui a tant fait pour cette Maison, le neveu et le successeur du fondateur, Mgr Henri Flavigny, Supérieur de l'Institution Join-Lambert de 1870 à 1900, président du Conseil d'Administration de 1900 jusqu'en 1925 ? Les anciens élèves ne l'on pas pensé : quelques mois après sa mort, une commission désignée par leur Association et présidée par Mgr Lesourd, faisait appel au même maître pour fixer dans le bronze les traits de celui que nous considérons à juste titre comme le second fondateur de l'Institution. La forme choisie est celle d'une élégante plaquette sertie d'un cadre de chêne. Mgr Flavigny y est représenté en costume de prélat, le visage finement modelé s'incline légèrement : la ressemblance ne laisse rien à désirer. Dans le médaillon comme dans la statue, M. Guilloux, guidé seulement par des photographies, a pleinement réussi à faire revivre le modèle.

L'inauguration de ce mémorial, placé dans l'atrium, en face du monument aux morts de la guerre, s'est faite le jeudi 29 avril, à onze heures, sous la présidence de Mgr Caulle, doyen du Chapitre, délégué de Mgr l'Archevêque au Conseil d'Administration de l'Institution. Après la Messe, célébrée par Mgr Lesourd, ancien élève de Join-Lambert, on se rendit en cortège au monument. Etaient présents les Membres du Bureau de l'Association des Anciens Elèves, le Conseil d'Administration, les Membres de la famille Flavigny, les professeurs, les élèves et de nombreux anciens élèves. M. Joseph de Beaurepaire, président de l'Association, prit la parole pour remettre à M. le Supérieur le nouveau monument. Son discours retraçait à grands traits la vie du vénéré défunt, vie si bien employée, totalement dévouée au travail de l'Education dans cette Institution Join-Lambert : pouvait-il ne pas intéresser les auditeurs, tous attachés de quelque façon à l'œuvre et à la Maison ? M. le Supérieur lui répondit : lui-même, les professeurs, les élèves acceptent la garde d'honneur du mémorial qui leur est remis. Ces trois monuments qui frappent le visiteur à son entrée, rappellent à l'orateur le culte des ancêtres chez les anciens Romains : pieux gardien du dépôt confié, M. le Supérieur entretiendra dans le cœur de ses élèves le culte du passé de l'Institution, le souvenir fidèle et reconnaissant pour ceux qui l'ont faite et qui ont procuré aux jeunes générations actuelles, au prix de bien des peines et d'un infatigable dévouement, le bienfait de l'Education chrétienne.

Puis Mgr Caulle bénit la plaquette de bronze, et pour terminer la cérémonie, M. Charles Seyer donne lecture de strophes écrites par lui pour la circonstance : « Inscription pour la porte d'honneur », où le fin lettré qu'est le professeur de troisième ajoute, non sans grâce, ni sans succès, un quatorzième poème aux célèbres « Inscriptions pour les treize portes de la ville ».

Chanoine DELAMARE.

# DISCOURS DE M. DE BEAUREPAIRE

Messieurs et Chers Camarades,

Vous vous rappelez l'émotion que nous avons tous ressentie, lorsque la mort de Mgr Flavigny fut annoncée à Rouen. Malgré les infirmités de la vieillesse qui le retenaient depuis de longs mois dans sa mélancolique solitude du Boisguillaume, nous le savions si attaché à chacun de nous, si dévoué à l'Institution Join-Lambert, si généreux pour l'œuvre, nécessaire entre toutes, de l'enseignement libre catholique, que sa mort — quoique prévue — nous causait une profonde tristesse et une véritable angoisse. Grâce à Dieu, l'Institution se développe et remplit son rôle bienfaisant ; l'arbre transporté du Boisguillaume à Rouen est bien vivace et il pousse de vigoureux rameaux ; du haut du Ciel, les Fondateurs de la

Maison et les Anciens Supérieurs intercèdent pour toute cette jeunesse studieuse qui puise ici le culte du beau, du vrai et du bien. Nous pouvons donc envisager l'avenir avec confiance, d'autant que l'affectueuse bienveillance de Mgr l'Archevêque de Rouen nous est un précieux appui et que le dévouement des professeurs est absolu.

Mais si l'angoisse ne doit pas trouver place dans nos cœurs, il n'en demeure pas moins évident que nous ne témoignerons jamais pour le regretté Mgr Flavigny assez de reconnaissance. Peu de jours après son décès, plusieurs anciens émirent le désir que le souvenir de celui qui venait de s'éteindre, après une vie si simple et si admirablement remplie, fût conservé par un monument. M. Joseph Hamel, alors président de l'Association, adopta cette opinion et constitua une commission spéciale pour réaliser le projet : le président de cette sous-commission, Mgr Lesourd, s'adressa au maître sculpteur Guilloux et celui-ci, aidé des avis et des souvenirs de plusieurs, notamment de M. Edouard Lecœur, put mener à bien l'œuvre qu'on lui demandait. Ne savions-nous pas qu'en nous adressant à notre habile concitoyen, auteur de tant de monuments remarquables, nous obtiendrions un résultat satisfaisant ? M. Guilloux n'était pas un inconnu pour nous et la statue de M. l'abbé Join-Lambert, qui orne la grande cour de cet établissement, fait le plus grand honneur à son talent.

Que vous dirais-je, Messieurs et chers Camarades, sur Mgr Flavigny que vous ne connaissiez déjà ? Lors de ses funérailles à la Cathédrale de Rouen, Mgr de Saint-Flour, dans un admirable discours, a retracé cette vie sacerdotale avec ses charges, avec ses épreuves, avec ses joies et, quelques jours plus tard, le regretté M. le chanoine Gaillardon prononçait, à son tour, dans son style si châtié et si élégant, l'éloge funèbre du vénérable prélat.

Né à Elbeuf, le 19 août 1838, Henri-Paul-Robert Flavigny

appartenait à l'une des familles les plus distinguées et les plus anciennes de notre région normande : au foyer familial, il trouva les meilleurs exemples de piété, de distinction, de droiture et de travail. En 1848, il entre à l'Institution de Boisguillaume que son oncle, M. l'abbé Hippolyte Join-Lambert a fondée en 1843 ; ses études, à la fois solides et brillantes, furent couronnées de succès. A dix-huit ans, il part pour le Séminaire Saint-Sulpice s'initier aux pratiques de piété, aux vertus, à la vie intérieure qui devaient alimenter son sacerdoce. Ceci se passait en 1856, mais l'année suivante, le 24 avril 1857, M. Join-Lambert meurt relativement jeune, puisqu'il n'avait que 44 ans. Par son testament, écrit trois semaines avant sa mort, il léguait à son neveu Henri Flavigny sa chère Maison du Boisguillaume. Aussi, dès le mois d'octobre 1862, encore diacre, M. Flavigny revient à l'Institution qu'il ne quittera plus, sauf pendant l'année scolaire 1867-68, où il prépare et passe sa licence ès lettres. A partir de cette époque, M. Flavigny se donne tout entier à l'œuvre de l'enseignement, il y consacre toutes ses forces, tout son zèle, tout son cœur, une grande partie de ses ressources. Pendant les courts loisirs que lui laisse le professorat, il accepte la charge du ministère religieux sur la nouvelle paroisse de Notre-Dame des Anges et, de 1867 à 1871, il sera, en réalité, le curé de cette église. A la suite de la mort de M. l'abbé Leplay, arrivée après une courte maladie, le 15 octobre 1870, M. Flavigny est nommé Supérieur de l'Institution par le cardinal de Bonnechose, le 1ᵉʳ novembre suivant.

Vous savez avec quelle énergie il en prit la direction. Pendant que les abbés Paul Dubois, Paul Lecœur, Henri de Lanterie volent à la frontière pour relever nos soldats sur les champs de bataille, l'abbé Flavigny ouvre toute grande sa maison aux blessés ; lorsque, vainqueurs, les Prussiens envahissent la commune du Bois-guillaume et installent leurs propres blessés dans l'Institution amé-nagée en hôpital pour les soldats français, le jeune Supérieur s'incline devant la force et accepte même de remplacer l'aumônier prussien auprès des blessés ennemis, grâce à sa parfaite connaissance de la langue allemande. Mais, l'arrogance et les exigences des envahisseurs augmentant, il fait entendre avec une voix toute vibrante de patriotisme, ses légitimes protestations et rappelle les Prussiens au respect des lois internationales et de la Croix de Genève. Emmené comme otage avec MM. L. de Beaunay et Tricot, il plaide si éloquemment la cause qui lui est confiée qu'il obtient du général de Manteuffel l'exonération totale de l'énorme contribution de guerre dont la commune du Boisguillaume avait été frappée.

Pendant trente années, M. Flavigny fut Supérieur de l'Institution Join-Lambert ; pendant cette longue période, que de générations de jeunes gens passèrent au Boisguillaume et furent à même d'apprécier l'extrême délicatesse, l'excessive bonté de ce prêtre d'élite ! Années heureuses pour la plupart, car l'établissement est en pleine prospérité. Auprès de l'abbé Flavigny, il y a tout un corps de professeurs distingués : le docte abbé Fouard, qui publie, à ce moment, ses savants écrits ; l'abbé Vienot, l'abbé Vallet et surtout l'abbé Lecœur qui anime d'un bel élan toute la jeunesse ; les études sont brillantes, les succès aux examens très satisfaisants, mais aussi les fêtes à l'Institution ont un éclat très particulier (Expositions artistiques, noces d'argent du Supérieur, fête de la Cinquantaine de la Maison, cavalcades, représentations théâtrales). Il semblait qu'un avenir long et prospère était réservé à l'Institution du Boisguillaume et cependant une épreuve nouvelle allait l'atteindre. Aux yeux de beaucoup de familles, le Boisguillaume parut trop loin : l'on semblait avoir une préférence marquée pour l'externat et certains projets scolaires pouvaient, d'un jour à l'autre, rendre obligatoire l'assistance aux cours des Etablissements de l'Etat.

M. Flavigny consulta les plus dévoués amis de l'Institution, il demanda à ses supérieurs ecclésiastiques leur avis et surtout il pria Dieu de l'éclairer. A la réunion des Anciens Elèves du 18 décembre 1900, M. l'abbé Flavigny s'exprimait ainsi : « L'Institution Join-Lambert, à laquelle vous apparteniez, a « traversé ces dernières années une période terrible. J'ai dû « prendre, vous le savez, une décision des plus graves, qui « m'atteignait dans mes affections les plus intimes et les plus « profondes. De personnelle qu'elle était entre les mains de « M. Join-Lambert et dans les miennes, l'œuvre d'éducation à « laquelle vous devez d'être ce que vous êtes, est devenue « collective. Une société anonyme a été créée pour posséder les « immeubles et gérer les intérêts temporels. Voilà les conditions « nouvelles dans lesquelles j'ai tenu à placer l'Institution « Join-Lambert en la transférant à Rouen, les bases solides sur « lesquelles j'ai voulu l'asseoir. Je l'ai dirigée comme Supérieur « pendant trente années (1870-1900); j'y avais auparavant « travaillé comme professeur durant huit ans et vécu comme « élève pendant le cours de mes études. Ai-je besoin de vous « dire qu'après un tel passé, je ne pourrai jamais m'en séparer. »

N'est-ce pas Mgr Beaunard qui a écrit : « La vraie piété, « la bonne, est celle qui se traduit par l'accomplissement de la « volonté de Dieu, c'est-à-dire du devoir ; et la volonté de « Dieu s'y fait d'autant plus reconnaître que le devoir est marqué « du signe de sa croix qui est le sacrifice ». Du haut de sa colline, où il s'est retiré, au milieu de ces bâtiments, de ces jardins si ombragés, à l'ombre de cette chapelle édifiée par ses soins, dans ce cadre familier où tant de choses lui rappellent les jours heureux, l'abbé Flavigny reste nôtre et surtout nôtre. Les charges, les dignités tour à tour attestent en quelle haute estime les archevêques de Rouen le tiennent : Supérieur de l'Œuvre des Jeunes Economes et du Bon-Pasteur, vicaire général honoraire des diocèses de Rouen et Saint-Flour, Directeur spirituel du Grand Séminaire de Rouen et enfin, en mai 1916, protonotaire apostolique, Mgr Flavigny est en outre président du Conseil d'administration de la Société anonyme de l'Institution Join-Lambert. Pendant des années, il est assidu aux fêtes de la Maison qui est sienne et où il est entouré de toutes les marques les plus vives d'affection et de respectueuse vénération : il préside les réunions avec cette simplicité et cette sagesse éclairée qu'il mit en toutes choses, il assiste avec joie aux assemblées générales des Anciens Elèves où il ne compte que des amis et des admirateurs ; il collabore même à l'Annuaire de l'Institution (année 1917-1918) ; il y consacre à la mémoire de Paul Allard, l'une des gloires de la Maison, quelques pages où la limpidité du style le dispute à la précision des détails. Avec l'âge, les infirmités arrivent. Mgr Flavigny ne peut guère descendre à Rouen : quelques fidèles montent le voir au Boisguillaume et ils sont reçus avec joie et avec un sourire si bienveillant qu'ils en sont charmés. La mémoire de l'ancien Supérieur est fidèle et il interroge ses visiteurs sur les anciens : rien de ce qui les concerne ne le trouve indifférent. Si, peu à peu, le corps se voûte, l'âme s'élève de plus en plus vers Dieu : c'est la vie montant vers les sublimes clartés de l'au-delà. Lui qui s'est donné toute sa vie, qui n'a ménagé ni son temps, ni ses forces, ni sa peine, craint toujours de n'en pas avoir fait assez : lui qui fut le prêtre éminent, le prêtre admirable, le prêtre digne, pieux, bon, le prêtre charitable et miséricordieux, il craint de n'avoir été ni assez bon, ni assez miséricordieux ; lui qui fut l'éducateur si vigilant, si scrupuleux des traditions de la Maison, il craint de n'avoir été ni assez vigilant, ni assez traditionnel. Si les murs de Join-Lambert ont pu changer, si le cadre gracieux et champêtre du Boisguillaume n'existe plus, l'esprit du fondateur est resté dans son œuvre, car partout où passent les saints, il reste quelque chose de Dieu.

Le 6 mars 1925, à plus de quatre-vingt-six ans, chargé de mérites, Mgr Flavigny est rappelé à Dieu.

Vous me pardonnerez, Messieurs et chers Camarades, d'avoir

si rapidement et si incomplètement esquissé la vie de celui que nous honorons en ce jour.

Plusieurs des nôtres se sont excusés de ne pouvoir être ici aujourd'hui : qu'il me soit permis de mentionner tout spécialement les excuses de Charles Flavigny, trésorier de la Société anonyme de l'Institution Join-Lambert, retenu à la chambre par une indisposition passagère ; de Robert Lecœur, ancien président de l'Association des Anciens Elèves ; d'Henry Roquigny et de Louis James, conseillers généraux de la Seine-Inférieure, et enfin de Mgr de Saint-Flour, qui fut pendant de si longues années le collaborateur fidèle de Mgr Flavigny. Mgr Lecœur m'adresse la lettre suivante : « L'éloignement de Rouen ne me « permettra pas de me trouver à Join-Lambert le jour où vous « inaugurerez le monument élevé à la mémoire du vénéré et si « bon Mgr Flavigny. Je n'ai pas besoin de vous dire que je le « regrette vivement. C'est Mgr Caulle qui bénira le monument ; « Mgr Lesourd aura dit la sainte messe auparavant dans la « chapelle de l'Institution. Ainsi sera dignement honorée cette « chère et inoubliable mémoire. Elle le sera aussi par la présence « des anciens et par les prières des élèves actuels qui vivent « des traditions chrétiennes créées par M. Join-Lambert et par « son saint et très aimé neveu. Si vous en avez l'occasion, je « vous serai reconnaissant de dire aux amis présents que je leur « suis bien uni de cœur, de prières et de reconnaissance envers « Mgr Flavigny ».

Nous tenons à saluer Mgr Caulle, doyen du Chapitre métropolitain, qui a bien voulu présider cette cérémonie du souvenir : Mgr Caulle représente Mgr l'Archevêque dans le Conseil d'administration de la Société anonyme et nous sommes toujours heureux d'avoir ses sages avis et les conseils éclairés qu'il veut bien nous donner en matière d'enseignement.

Cher Monsieur le Supérieur, nous vous confions ce médaillon du vénéré et regretté Mgr Flavigny : placé à l'entrée de l'Institution, en face du monument des morts de la guerre, il rappellera à vos jeunes élèves les principes immuables de l'honneur et de la religion. Quand ils verront la figure empreinte de bonté indulgente et souriante de Mgr Flavigny, quand ils liront avec émotion la liste glorieuse de nos camarades tombés face à l'ennemi en défendant la terre des aïeux, leur âme pure et généreuse s'élèvera naturellement au-dessus des contingences actuelles et ils uniront dans un même amour la croix et le drapeau.

Joseph DE BEAUREPAIRE,

Président de l'Association des Anciens Élèves,
Président du Conseil d'Administration.

# RÉPONSE DE M. LE SUPÉRIEUR

Monsieur le Président,
Messieurs,
Mes Chers Amis,

En me confiant la garde du Médaillon qui représente Mgr Flavigny, deuxième fondateur de l'Institution Join-Lambert, vous me faites grand honneur. En mettant sous mes yeux le portrait de celui qui fut un maître en Education, vous me proposez le plus bel exemple que je puisse imiter. Je vous remercie de l'honneur, je vous promets de suivre le modèle et de garder fidèlement le dépôt des nobles et saintes traditions qu'il a léguées à ses successeurs.

Vous avez renouvelé une pieuse coutume de la Rome antique : dans les maisons patriciennes, on rangeait le long de l'atrium les images des personnages qui avaient illustré la famille. A certains jours, l'un des membres de cette famille devait prendre la parole devant ces portraits des ancêtres — ce n'était ni le plus digne ni le plus éloquent, c'était celui qui avait reçu l'héritage de

« la chose familiale ». Il s'adressait à eux comme à des témoins vivants devant lesquels il n'était point permis de mentir. Monseigneur Flavigny, je m'autorise de l'antique usage ; ne demeurez-vous pas d'ailleurs vivant au milieu de nous ; votre bonté souriante, charme de votre visage, si habilement exprimée par l'artiste, ne m'invite-t-elle pas à prendre cette liberté ?

Et puis il me semble entendre, avec le son bien connu de votre voix, ces mots par lesquels vous accueilliez vos élèves, vos collaborateurs : « Mon bien cher, approchez-vous. Ne parlez pas « de moi ; des voix autorisées ont dit ma vie, ses joies et ses peines, « ses labeurs et ses récompenses. Parlez-moi de la chère Maison, « de ses maîtres, de ses enfants, de ceux qui vivent à l'ombre « de ses murs, de ceux qui ne sont plus dans l'enclos sacré. »

Rien n'est plus aisé, Monseigneur, que de vous donner satisfaction, c'est pour le fils un devoir très doux d'entretenir le Père d'un sujet également cher à son cœur. Mais vous savez déjà. Dans le royaume de Dieu promis aux prêtres qui ont aimé les enfants et consacré leur vie à leur éducation, vous avez reçu celui que nous pleurons, et dont nous gardons comme de vous-même le souvenir impérissable. Par lui vous avez appris que votre œuvre est toujours florissante. Sans doute la persécution, cette ennemie du dehors, est toujours à nos portes ; mais nous ne la craignons plus ; les lois — peut-on donner ce nom à des mesures d'exception — les lois qui menacent l'enseignement catholique existent toujours, mais elles ne seront bientôt qu'un pitoyable épouvantail qui n'effraiera plus personne. Nous voulons sortir victorieux de la lutte que vous avez soutenue courageusement et dont, à certaines heures, vous avez redouté un dénouement fatal à votre œuvre. La liberté d'enseignement sera maintenue, ou elle périra dans la ruine de toutes les libertés françaises. Pareille catastrophe, nous sommes disposés à l'empêcher, forts que nous sommes des énergies ravivées de notre foi et de notre patriotisme.

Pleins de confiance, nous allons vers les cent ans de la Maison.

Le nombre de ses enfants va s'accroissant chaque jour, et chaque jour aussi, c'est l'offensive vigoureuse, inlassable, menée contre les ennemis du dedans, la légèreté et l'insouciance. Plus que jamais fidèles à vos leçons, nous voulons faire de nos élèves d'infatigables travailleurs, parce que plus que jamais l'énergie individuelle demeurera le capital indestructible, le seul peut-être dont demain ils pourront disposer pour triompher des difficultés de la vie. Comme leurs aînés, sous votre sacerdotale direction, ils vont prendre cette énergie à sa véritable source, aux leçons de l'Evangile. Notre ambition, qui fut la vôtre, c'est de donner au pays d'utiles et vaillants citoyens, à l'Eglise des chrétiens sans peur et sans reproche.

Que si vous me demandiez sur quoi j'établis ma confiance et mes espoirs, je vous répondrais : d'abord sur la bonne volonté et l'excellent esprit de nos enfants, et puis et surtout sur le dévouement de leurs maîtres. Ces maîtres, vous les avez connus presque tous, tant il est vrai que lorsqu'une fois on s'est donné à votre œuvre, on ne peut plus se reprendre. Les uns étaient déjà vos collaborateurs à Boisguillaume, ceux-là vous ont vu à la tâche ; les autres vont ont souvent rencontré dans cette Maison ou sont allés vous visiter dans votre retraite ; toujours paternellement accueillis, ils gardent le précieux souvenir de vos bienveillants encouragements. A ces maîtres, se sont joints de plus jeunes qui, non moins fiers de leur mission, ni moins convaincus de leur devoir, s'appliquent à cet art difficile et délicat : former des intelligences et des cœurs. Tous poursuivent le même idéal, et sont pour l'atteindre animés du même zèle. Unis à leur Supérieur dans la plus étroite charité, ils lui rendent facile l'exercice de cette redoutable puissance, l'autorité. Il vous est agréable, Monseigneur, de m'entendre exprimer publiquement ce reconnaissant témoignage.

Je devrais maintenant vous parler de vos anciens, de vos chers anciens, comme vous les appeliez, je devrais vous dire comme ils demeurent attachés à votre souvenir, à votre œuvre, à ceux qui ont charge de la continuer. Mais vous avez entendu celui qui s'est fait si éloquemment leur interprète. Ne vous a-t-il pas dit que ce sont eux qui ont voulu ce portrait, et qui l'ont voulu dans le sanctuaire où se dressait déjà le mémorial de vos glorieux enfants ? Cette pensée, ce geste eussent ému votre cœur jusqu'aux larmes ; et j'avais raison de l'affirmer, une pareille fidélité aux maîtres qui formèrent leur jeunesse est pour nous, Dieu aidant, la garantie des plus longs comme des plus nobles espoirs.

Vous demeurerez donc au milieu de nous, plus que jamais vénéré, vous nous trouverez toujours dociles à écouter vos conseils, toujours fidèles à votre devise : « *Instaurare in Christo* ».

« Vous êtes immortel, ô mort »

## INSCRIPTION POUR LA PORTE D'HONNEUR

*Poème de M. Charles SEYER*

Porte de Join-Lambert aux lourds battants de chêne,
Ouvre-toi, ne crains pas, baigne-toi de clarté ;
Et que chaque rayon posant sur toi sa traine
    Exalte pour nous ta beauté.

Car, sous ta voûte claire, au seuil de tes années,
Des héros ont passé : tu ne le savais pas...
Les générations qui depuis lors sont nées
    Ont posé les pas dans leurs pas.

De ces héros vainqueurs tu gardes la mémoire ;
Le passant croit entendre un long chuchotement
Qui descend de ton mur avec leurs noms de gloire ;
    Il s'arrête et songe un moment.

En face des héros, la muraille était nue.
Quelle image assez pure y pouvait-on placer,
Qui, par le visiteur, aussitôt reconnue,
        Rappelle, elle aussi, le passé ?

Qui pouvait évoquer les grandes voix lointaines,
Le frisson d'autrefois, d'hier et d'aujourd'hui,
Les heures de bonheur, les heures incertaines ?
        Regardez : ce bronze le dit.

Monseigneur Flavigny méritait cet hommage,
Lui, l'apôtre, le saint, qui prenait dans les cieux
Cette sérénité calme de son visage
        Qui sourit encore à nos yeux.

Il a beaucoup peiné pour accroître les branches
De l'arbre qu'il reçut au sommet du coteau.
Et plus de cinquante ans on vit des roses blanches
        Fleurir sur l'arbre droit et haut.

Il a beaucoup souffert : l'arbre connut l'injure
De l'injuste abandon ; alors, le cœur meurtri,
Le maître sut à temps couper une bouture
        Dont la sève n'a pas tari.

Il a surtout aimé : prosterné sur la pierre
De sa chapelle, hélas ! qui n'eut point son clocher,
Son amour s'exprima, ravi dans sa prière,
        Pour le cher rameau détaché.

Il est bon que tous ceux qui franchiront la porte
Soient accueillis par lui de ce beau médaillon ;
Aux leçons des héros, et d'une âme aussi forte
        Il ajoutera sa leçon.

De cette voix aimée approchons notre oreille ;
C'est une voix d'en haut, la voix du temps qui fut ;
Elle enseigne le bien, elle reprend, conseille...
      Ecoutons-la d'un cœur ému.

Cette porte d'honneur ne vous parle-t-elle pas
Par le bronze et la pierre ? Ici, même les choses
Ont une âme qui vibre à l'écho de vos pas,
      Lorsque près d'elles ils se posent.

Partout, du seuil au faîte, écoutez bien les voix
Qui vous guident, les voix des choses coutumières,
Qui vous rappelleront les précieuses lois
      De l'honneur et de la prière.

Surtout, aimez-la bien, votre Maison amie ;
L'aube s'y lève heureuse et le soir n'est pas lourd,
Elle est pour vous la vie et toute votre vie,
      Restez-lui fidèles toujours.

ROUEN

IMPRIMERIE LECERF FILS

1927